Impressum
Verlag: BABADADA GmbH, Nedderfeld 112 , 22529 Hamburg
Geschäftsführer / Verlagsleitung: Harald Hof
Druck: Books on Demand GmbH, In de Tarpen 42, 22848 Norderstedt

Imprint
Publisher: BABADADA GmbH, Nedderfeld 112 , 22529 Hamburg, Germany
Managing Director / Publishing direction: Harald Hof
Print: Books on Demand GmbH, In de Tarpen 42, 22848 Norderstedt, Germany

iskola
Szkoła

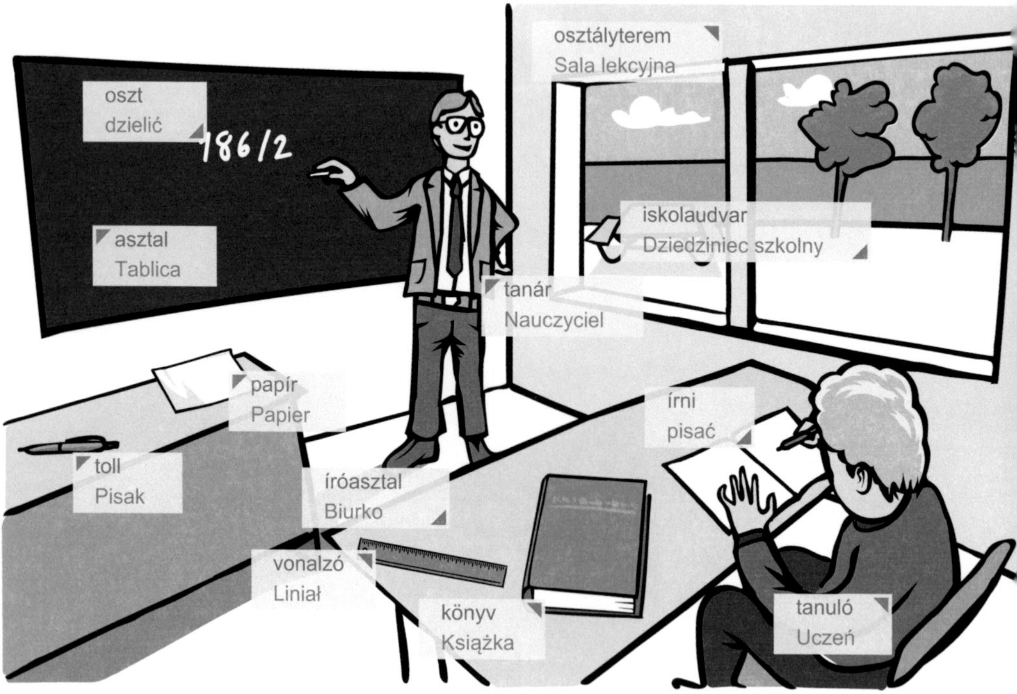

osztálytérem
Sala lekcyjna
oszt
dzielić
186/2
asztal
Tablica
iskolaudvar
Dziedziniec szkolny
tanár
Nauczyciel
papír
Papier
írni
pisać
toll
Pisak
íróasztal
Biurko
vonalzó
Liniał
könyv
Książka
tanuló
Uczeń

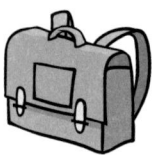

iskolatáska

Plecak szkolny

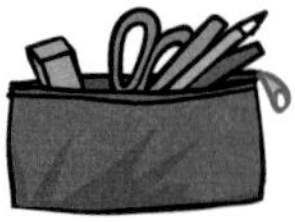

tolltartó

Piórnik

ceruza

Ołówek

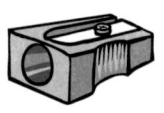

ceruzahegyező

Temperówka

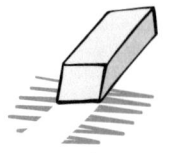

radír

Gumka do mazania

rajzfüzet

Blok rysunkowy

rajz

Rysunek

ecset

Pędzel

festőkészlet

Pudełko z akwarelami

olló

Nożyce

ragasztó

Klej

munkafüzet

Książka do ćwiczenia

házi feladat

Zadanie domowe

szám

Liczba

összead

dodawać

kivon

odejmować

szoroz

mnożyć

számol

liczyć

betű

Litera

ABCDEFG
HIJKLMN
OPQRSTU
VWXYZ

ABC

Alfabet

szó

Słowo

szöveg

Tekst

olvasni

czytać

kréta

Kreda

tanóra

Godzina

napló

Dziennik lekcyjny

vizsga

Egzamin

bizonyítvány

Świadectwo

iskolai egyenruha

Mundurek szkolny

oktatás

Wykształcenie

enciklopédia

Leksykon

egyetem

Uniwersytet

mikroszkóp

Mikroskop

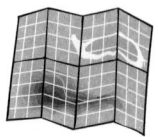

térkép

Mapa

papír-hulladék gyűjtő

Kosz na odpadki

utazás
Podróż

hotel
Hotel
Grand
szállás
Schronisko
ROOMS
valutaváltó iroda
Kantor wymiany walut
bőrönd
Walizka
autó
Auto

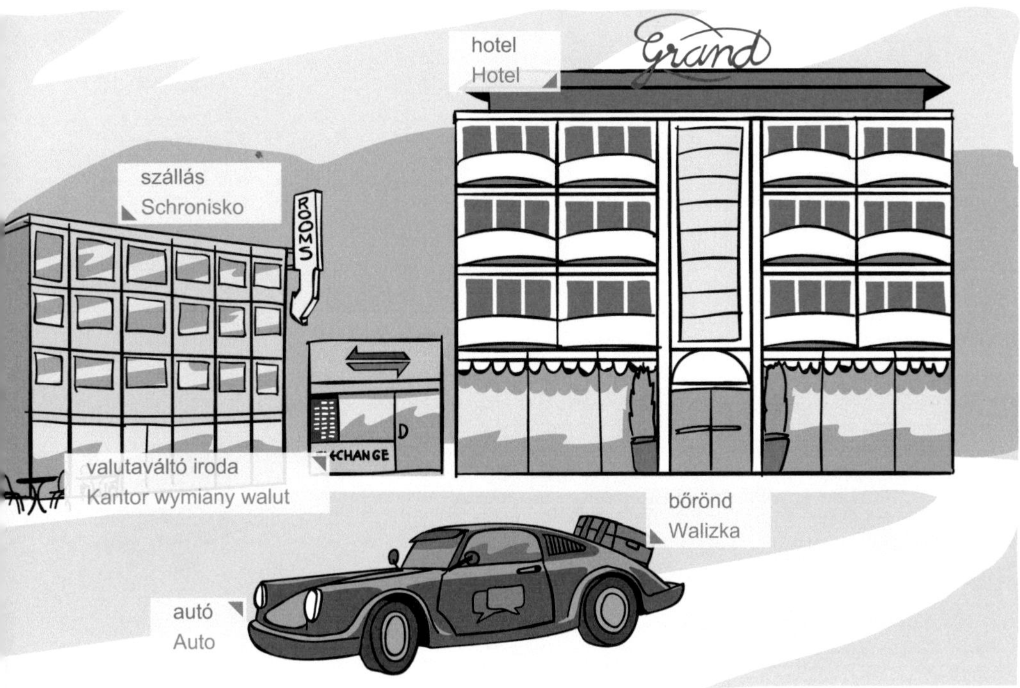

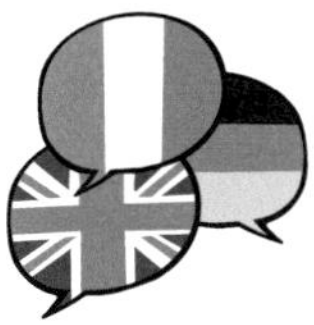

nyelv

Język

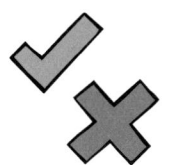

igen/nem

tak / nie

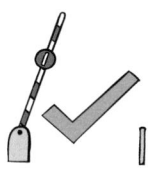

rendben

OK

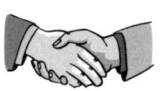

szia

Halo

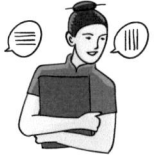

fordító

Tłumacz

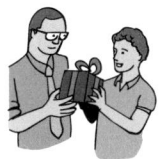

köszönöm

Dziękuję

mennyibe kerül…?

Ile kosztuje …?

nem értem

Nie rozumiem

probléma

Problem

Jó estét!

Dobry wieczór!

jó reggelt!

Dzień dobry!

jó éjszakát!

Dobranoc!

viszontlátásra

Do widzenia

útirány

Kierunek

poggyász

Bagaż

táska

Torba

hátizsák

Plecak

vendég

Gość

szoba

Pokój

hálózsák

Śpiwór

sátor

Namiot

turista információ

Informacja turystyczna

strand

Plaża

hitelkártya

Karta kredytowa

reggeli

Śniadanie

ebéd

Obiad

vacsora

Kolacja

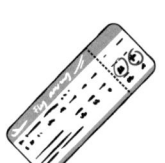

jegy

Bilet

lift

Winda

bélyeg

Znaczek na list

határ

Granica

vám

Cło

nagykövetség

Ambasada

vízum

Wiza

útlevél

Paszport

közlekedés
Transport

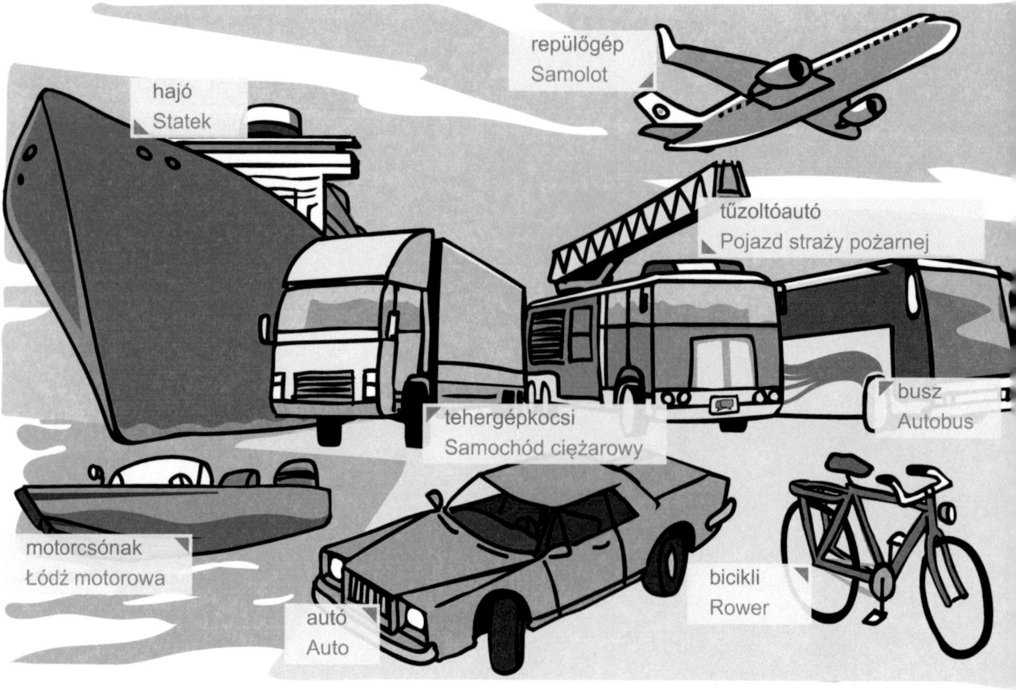

repülőgép
Samolot
hajó
Statek
tűzoltóautó
Pojazd straży pożarnej
tehergépkocsi
Samochód ciężarowy
busz
Autobus
motorcsónak
Łódź motorowa
bicikli
Rower
autó
Auto

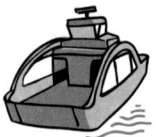

komp

Prom

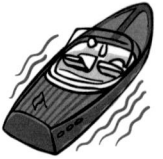

csónak

Łódź

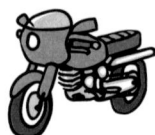

motorkerékpár

Motocykl

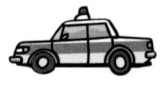

rendőrautó

Radiowóz policyjny

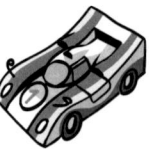

versenyautó

Samochód wyścigowy

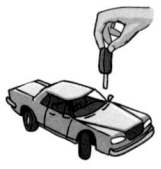

bérautó

Samochód wypożyczony

telekocsi

Wspólne przejazdy
samochodem

vontató

Samochód pomocy
drogowej

szemetes autó

Śmieciarka

motor

Silnik

üzemanyag

Benzyna

benzinkút

Stacja benzynowa

közlekedési tábla

Znak drogowy

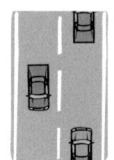

forgalom

Ruch

forgalmi dugó

Korek

parkoló

Parking

vonatállomás

Dworzec

sínek

Szyny

vonat

Pociąg

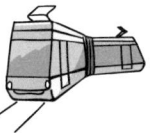

villamos

Tramwaj

vagon

Wagon

helikopter

Helikopter

repülőtér

Lotnisko

torony

Wieża

utas

Pasażer

konténer

Kontener

kartondoboz

Karton

taliga

Taczka

kosár

Kosz

felszáll / leszáll

startować / lądować

város

Miasto

falu

Wieś

városközpont

Centrum miasta

ház

Dom

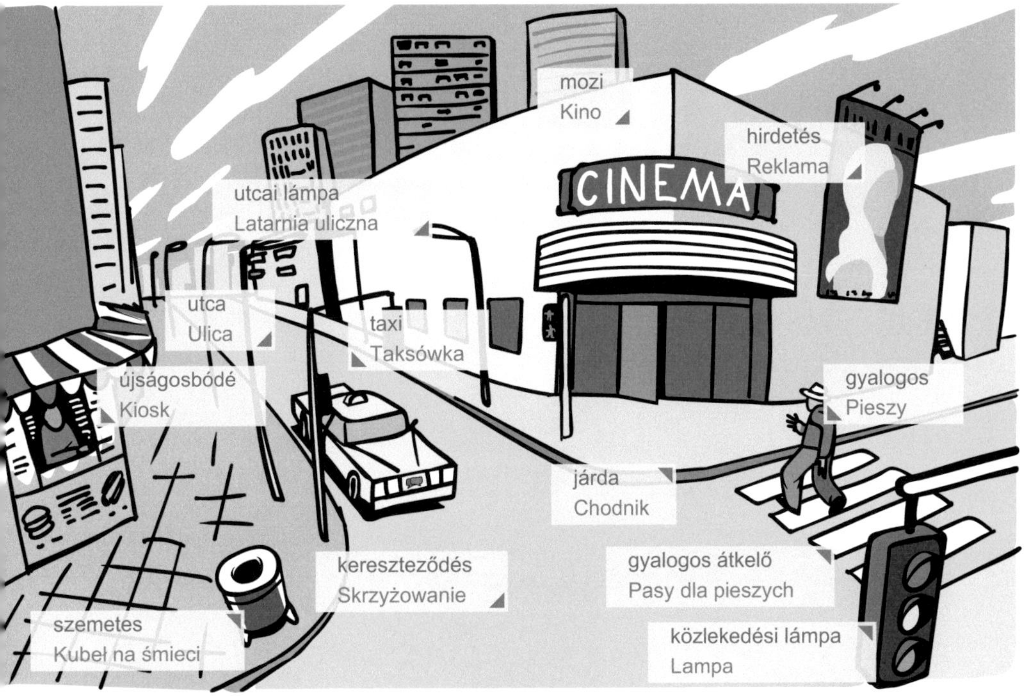

mozi
Kino

hirdetés
Reklama

utcai lámpa
Latarnia uliczna

CINEMA

utca
Ulica

taxi
Taksówka

újságosbódé
Kiosk

gyalogos
Pieszy

járda
Chodnik

kereszteződés
Skrzyżowanie

gyalogos átkelő
Pasy dla pieszych

szemetes
Kubeł na śmieci

közlekedési lámpa
Lampa

kunyhó

Chata

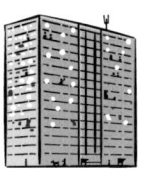

lakás

Mieszkanie

vonatállomás

Dworzec

városháza

Ratusz

múzeum

Muzeum

iskola

Szkoła

egyetem

Uniwersytet

bank

Bank

kórház

Szpital

hotel

Hotel

gyógyszertár

Apteka

iroda

Biuro

könyvesbolt

Księgarnia

üzlet

Sklep

virágüzlet

Kwiaciarnia

szupermarket

Supermarket

piac

Rynek

áruház

Dom towarowy

halárus

Sklep z rybami

bevásárló központ

Centrum handlowe

kikötő

Port

park

Park

pad

Ławka

híd

Most

lépcső

Schody

metró

Metro

alagút

Tunel

buszmegálló

Przystanek autobusowy

bár

Bar

étterem

Restauracja

postaláda

Skrzynka na listy

utcatábla

Tabliczka z nazwą ulicy

parkoló óra

Parkometr

állatkert

Zoo

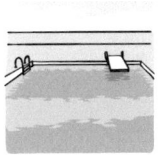

uszoda

Łaźnia

mecset

Meczet

gazdálkodás

Gospodarstwo chłopskie

környezetszennyezés

Zanieczyszczenie
środowiska

temető

Cmentarz

templom

Kościół

játszótér

Plac zabaw

szentély

Świątynia

táj
Krajobraz

levél
Liść

útjelző tábla
Drogowskaz

út
Droga

rét
Łąka

kő
Kamień

fa
Drzewo

túrázó
Wędrowiec

folyó
Rzeka

fű
Trawa

virág
Kwiat

völgy

Dolina

domb

Góra

tó

Jezioro

erdő

Las

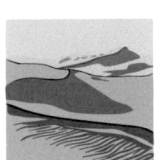

sivatag

Pustynia

vulkán

Wulkan

kastély

Zamek

szivárvány

Tęcza

gomba

Grzyb

pálmafa

Palma

szúnyog

Komar

légy

Mucha

hangya

Mrówka

méhecske

Pszczoła

pók

Pająk

bogár

Chrząszcz

béka

Żaba

mókus

Wiewiórka

sündisznó

Jeż

nyúl

Zając

bagoly

Sowa

madár

Ptak

hattyú

Łabędź

vaddisznó

Dzik

szarvas

Jeleń

rénszarvas

Łoś

gát

Tama

szélturbina

Wiatrak

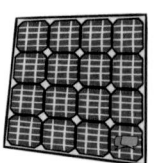

napelem

Moduł solarny

éghajlat

Klimat

étterem
Restauracja

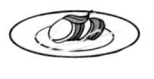

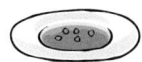

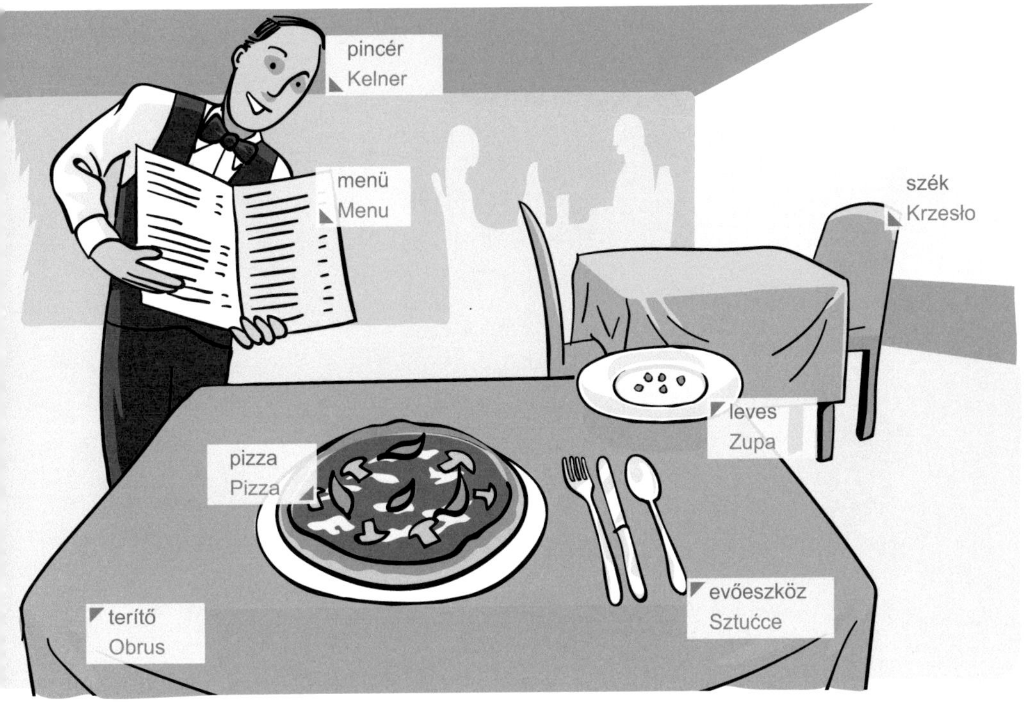
pincér
Kelner
menü
Menu
szék
Krzesło
leves
Zupa
pizza
Pizza
evőeszköz
Sztućce
terítő
Obrus

előétel

Przystawka

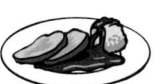

főétel

Danie główne

desszert

Deser

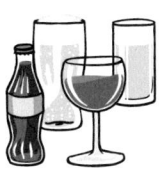

italok

Napoje

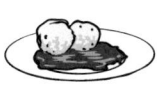

étel

Jedzenie

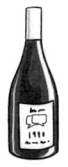

üveg

Butelka

gyorsétel

Fastfood

gyorsétel

Streetfood

teás kanna

Dzbanek na herbatę

cukortartó

Cukierniczka

adag

Porcja

eszpresszógép

Zaparzarka do espresso

bárszék

Krzesło dla dziecka

számla

Rachunek

tálca

Taca

kés

Nóż

villa

Widelec

kanál

Łyżka

teáskanál

Łyżeczka

szalvéta

Serwetka

pohár

Szklanka

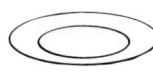

tányér

Talerz

leveses tányér

Talerz do zupy

csészealj

Podstawek pod filiżankę

szósz

Sos

sószóró

Solniczka

borsőrlő

Młynek do pieprzu

ecet

Ocet

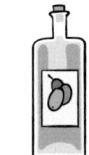

étkezési olaj

Olej

fűszerek

Przyprawy

ketchup

Keczup

mustár

Musztarda

majonéz

Majonez

szupermarket
Supermarket

különleges ajánlat
Oferta
FOR
ügyfél
Klient
tejtermék
Produkty mleczne
gyümölcsök
Owoce
bevásárló kocsi
Wózek sklepowy

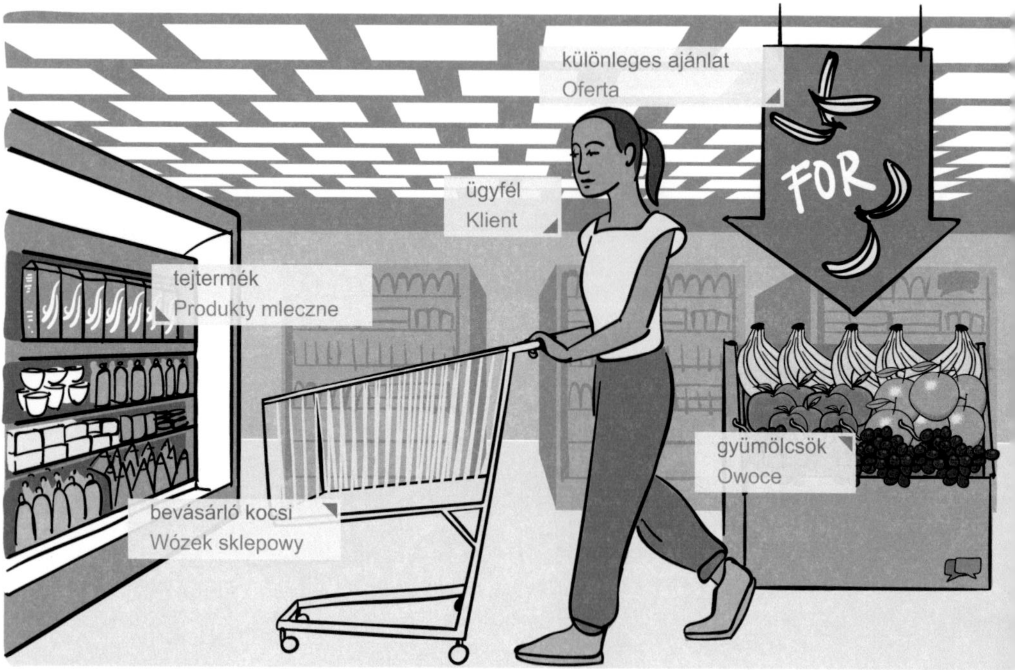

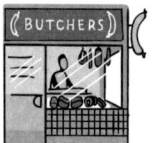

BUTCHERS

hentes

Rzeźnia

BAKERY

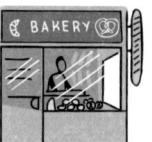

pékség

Piekarnia

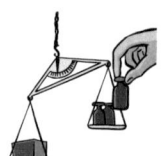

nyom valamennyit

ważyć

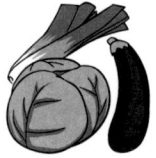

zöldség

Warzywa

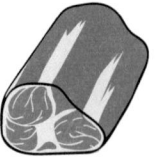

hús

Mięso

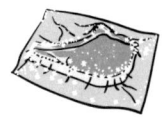

fagyasztott áru

Mrożonki

felvágott

Wędliny

konzerv

Konserwy

mosópor

Proszek m do prania

édességek

Słodycze

háztartási termék

Artykuły użytku domowego

tisztítószerek

Środek czyszczący

eladó

Sprzedawczyni

pénztárgép

Kasa

eladó

Kasjer

bevásárló lista

Lista zakupów

nyitva tartás

Godziny otwarcia

levéltárca

Portfel

hitelkártya

Karta kredytowa

zacskó

Torba

műanyag zacskó

Torebka plastikowa

víz

Woda

gyümölcslé

Sok

tej

Mleko

kóla

Cola

bor

Wino

sör

Piwo

alkohol

Alkohol

kakaó

Kakao

tea

Herbata

kávé

Kawa

eszpresszó

Espresso

kapucsínó

Cappuccino

banán

Banan

alma

Jabłko

narancs

Pomarańcza

sárgadinnye

Arbuz

citrom

Cytryna

sárgarépa

Marchew

fokhagyma

Czosnek

bambusz

Bambus

hagyma

Cebula

gomba

Grzyb

magvak

Orzechy

nokedli

Makaron

spagetti

Spaghetti

rizs

Ryż

saláta

Sałatka

sült krumpli

Frytki

sült burgonya

Ziemniaki pieczone

pizza

Pizza

hamburger

Hamburger

szendvics

Kanapka

hússzelet

Sznycel

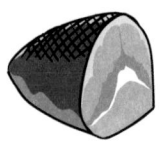

sonka

Szynka

szalámi

Salami

kolbász

Kiełbasa

csirke

Kura

pecsenye

Pieczeń

hal

Ryba

zabkása

Płatki owsiane

müzli

Musli

kukoricapehely

Płatki kukurydziane

liszt

Mąka

croissant

Croissant

zsemle

Bułka

kenyér

Chleb

pirítós kenyér

Toast

keksz

Ciastka

vaj

Masło

túró

Twarożek

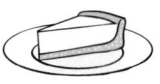

sütemény

Ciasto

tojás

Jajko

tükörtojás

Jajko sadzone

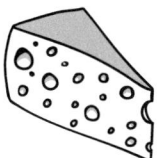

sajt

Ser

jégkrém
Lody

cukor
Cukier

méz
Miód

lekvár
Marmolada

mogyorókrém
Krem nugatowy

curry
Curry

gazdálkodás
Gospodarstwo chłopskie

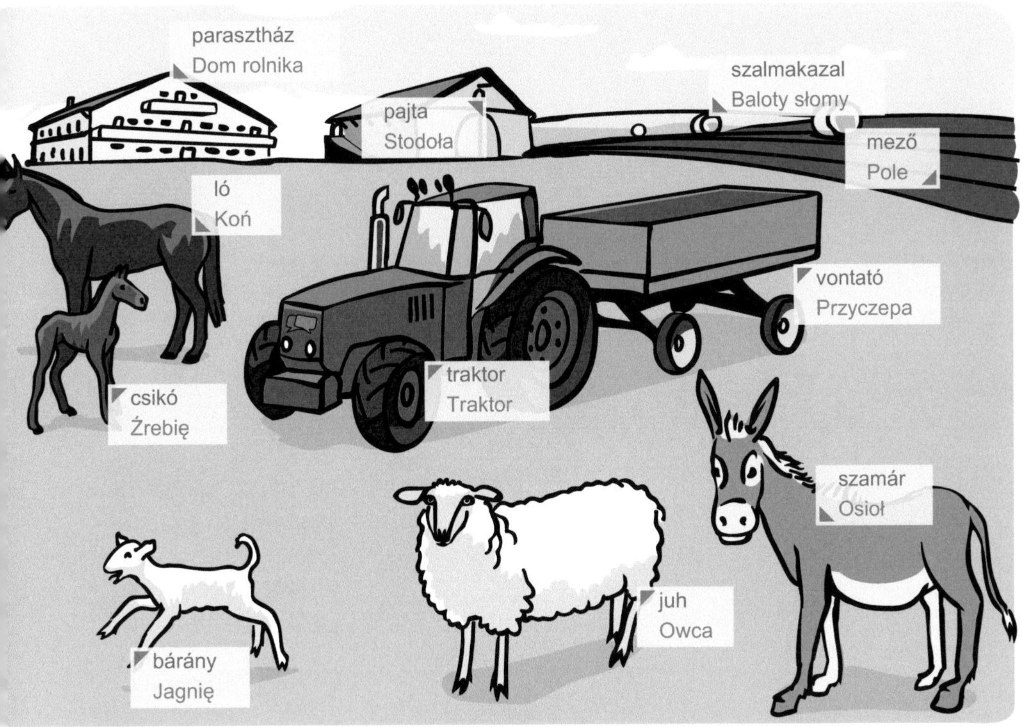
parasztház
Dom rolnika
pajta
Stodoła
szalmakazal
Baloty słomy
mező
Pole
ló
Koń
vontató
Przyczepa
traktor
Traktor
csikó
Źrebię
szamár
Osioł
juh
Owca
bárány
Jagnię

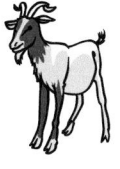

kecske

Koza

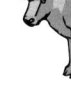

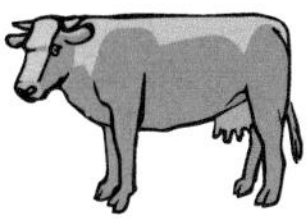

tehén

Krowa

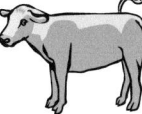

borjú

Cielę

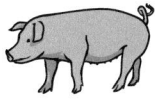

malac

Świnia

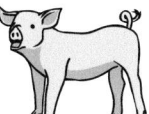

kismalac

Prosię

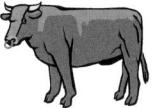

bika

Byk

liba

Gęś

kacsa

Kaczka

csibe

Kurczątko

tojó

Kura

kakas

Kogut

patkány

Szczur

macska

Kot

egér

Mysz

ökör

Osioł

kutya

Pies

kutyaház

Buda dla psa

kerti öntözőcső

Wąż ogrodowy

öntözőkanna

Konewka

kasza

Kosa

eke

Pług

sarló

Sierp

kapa

Graca

vasvilla

Widły

fejsze

Siekiera

talicska

Taczka

teknő

Koryto

tejes kancsó

Kanka na mleko

zsák

Worek

kerítés

Płot

istálló

Stajnia

üvegház

Szklarnia

talaj

Ziemia

vetőmag

Nasiona

trágya

Nawóz

cséplőgép

Kombajn zbożowy

szüretelni

zbierać

betakarítás

Żniwa

yamgyökér

Podchrzyn

búza

Pszenica

szója

Soja

burgonya

Ziemniak

kukorica

Kukurydza

repcemag

Rzepak

gyümölcsfa

Drzewo owocowe

manióka

Maniok

gabona

Zboże

kémény
Komin

tető
Dach

eresz
Rynna deszczowa

ablak
Okno

garázs
Garaż

ajtócsengő
Dzwonek

ajtó
Drzwi

szemetes
Wiaderko na śmieci

postaláda
Skrzynka na listy

kert
Ogród

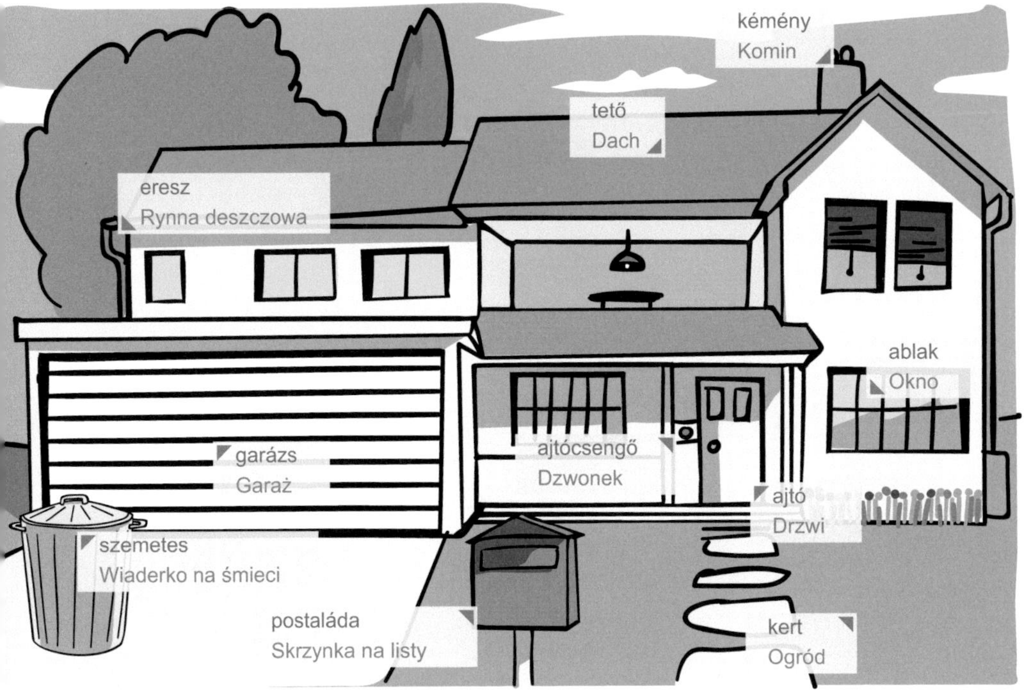

nappali
Pokój dzienny

fürdőszoba
Łazienka

konyha
Kuchnia

hálószoba
Sypialnia

gyerekszoba
Pokój dziecięcy

ebédlő
Jadalnia

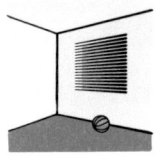

padló
Ziemia

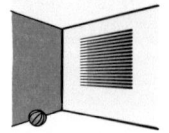

fal
Ściana

plafon
Koc

pince
Piwnica

szauna
Sauna

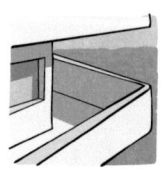

erkély
Balkon

terasz
Taras

medence
Basen

fűnyíró
Kosiarka do trawy

lepedő
Poszwa

ágytakaró
Kołdra

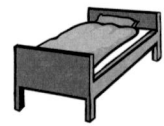

ágy
Łóżko

seprű
Miotła

vödör
Wiadro

kapcsoló
Włącznik

nappali

Pokój dzienny

tapéta
Tapeta
kép
Obraz
lámpa
Lampa
polc
Regał
szekrény
Szafa
televízió
Telewizor
kandalló
Komin
virág
Kwiat
párna
Poduszka
kanapé
Kanapa
váza
Wazon
távirányító
Pilot

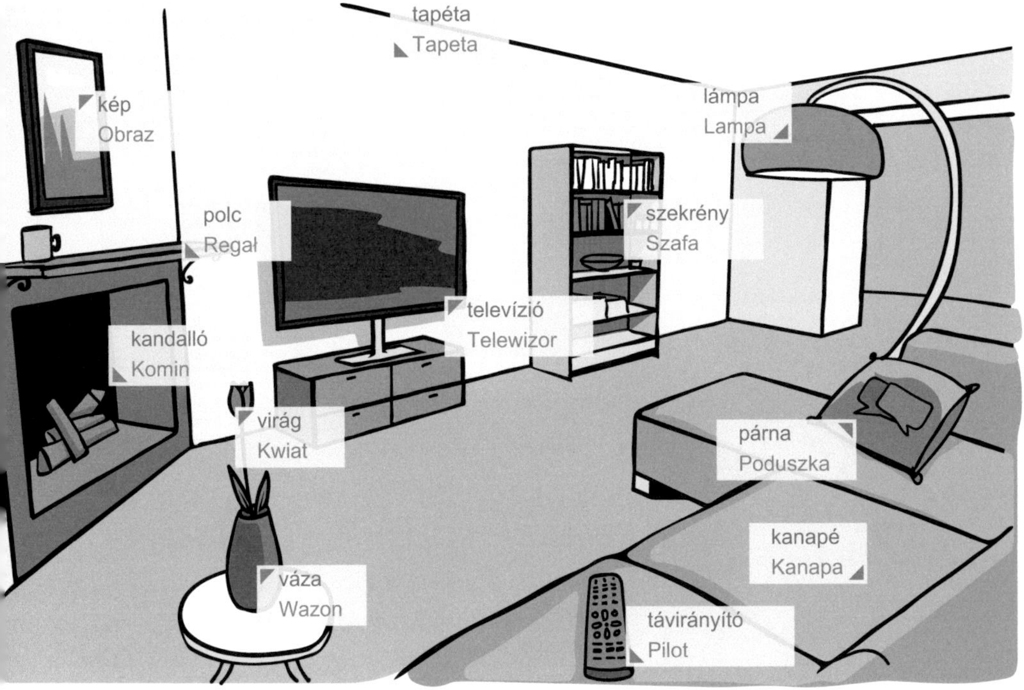

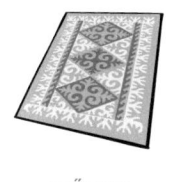

szőnyeg

Dywan

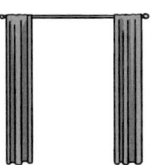

függöny

Zasłona

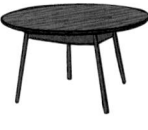

asztal

Stół

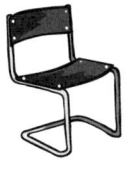

szék

Krzesło

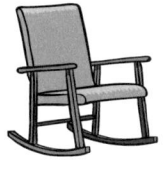

hintaszék

Bujak

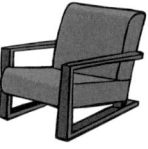

karosszék

Fotel

könyv

Książka

takaró

Sufit

dekoráció

Dekoracja

tűzifa

Drewno kominkowe

film

Film

hifi

Instalacja stereo

kulcs

Klucz

újság

Gazeta

festmény

Malunek

poszter

Plakat

rádió

Radio

jegyzetfüzet

Notatnik

porszívó

Odkurzacz

kaktusz

Kaktus

gyertya

Świeczka

konyha
Kuchnia

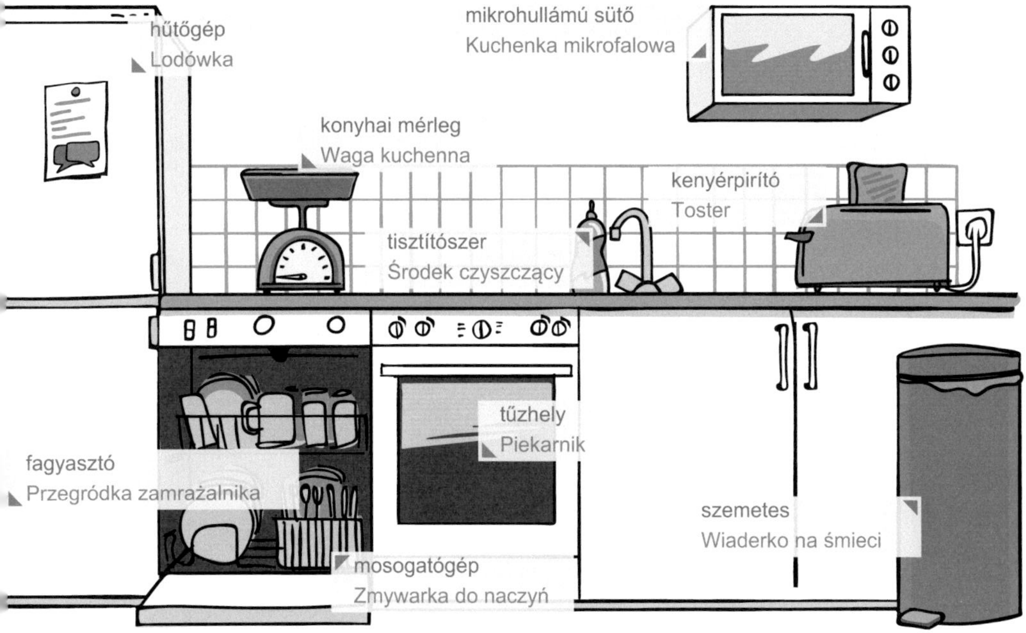

hűtőgép
Lodówka
mikrohullámú sütő
Kuchenka mikrofalowa
konyhai mérleg
Waga kuchenna
kenyérpirító
Toster
tisztítószer
Środek czyszczący
tűzhely
Piekarnik
fagyasztó
Przegródka zamrażalnika
szemetes
Wiaderko na śmieci
mosogatógép
Zmywarka do naczyń

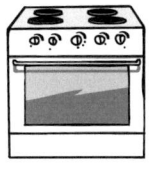

tűzhely

Kuchenka

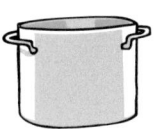

edény

Garnek

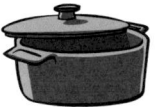

vasfazék

Kocioł żeliwny

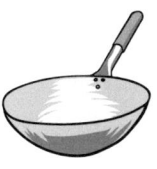

wok / kadai

Wok / Kadai

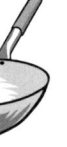

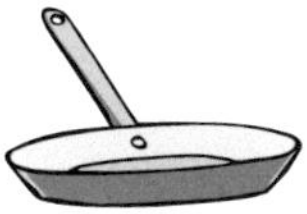

serpenyő

Patelnia

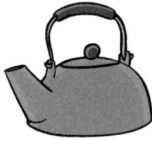

vízforraló

Czajnik

pároló

Parowar

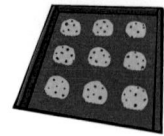

tepsi

Blacha do pieczenia

étkészlet

Naczynia kuchenne

bögre

Kubek

tálka

Miska

evőpálcika

Pałeczki

merőkanál

Nabierka

keverőlapátka

Łopatka do smażenia

habverő

Trzepaczka do śmietany

szűrő

Cedzak

szita

Sitko

reszelő

Tarka

mozsár

Moździerz

grillsütő

Grillowanie

kandalló

Palenisko

vágódeszka

Deska

sodrófa

Wałek do ciasta

dugóhúzó

Korkociąg

doboz

Puszka

konzervnyitó

Otwieracz do puszek

edényfogó

Ściereczka do trzymania garnka

mosogató

Umywalka

kefe

Szczotka

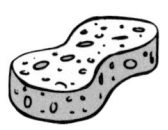

szivacs

Gąbka

turmixgép

Mikser

mélyhűtő

Zamrażarka

cumisüveg

Butelka dla niemowlęcia

csap

Kran

fürdőszoba
Łazienka

fűtés
Ogrzewanie
zuhany
Prysznic
törölköző
Ręcznik
zuhanyfüggöny
Kotara prysznicowa
habfürdő
Płyn do kąpieli
kád
Wanna kąpielowa
pohár
Szklanka
mosógép
Pralka
csap
Kran
csempe
Kafelki
bili
Nocnik
mosogató
Umywalka

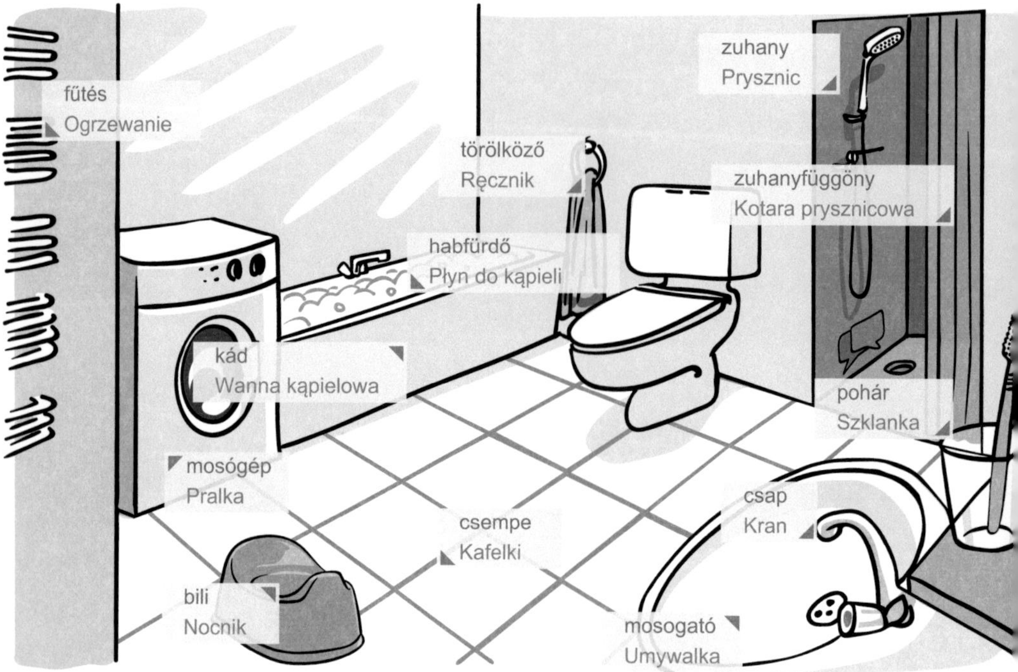

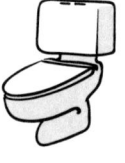

toalett

Toaleta

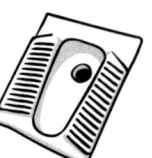

guggolós toalett

Toaleta kuczna

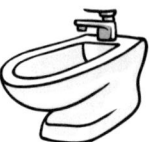

bidé

Bidet

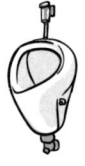

piszoár

Pisuar

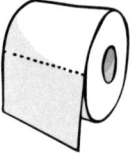

toalett papír

Papier toaletowy

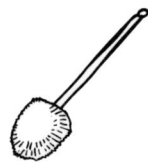

wc kefe

Szczotka toaletowa

fogkefe

Szczoteczka do zębów

fogkrém

Pasta do zębów

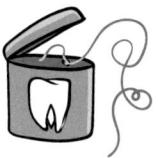

fogselyem

Nitki do czyszczenia zębów

mosni

myć

kézi zuhany

Głowica prysznicowa

intimzuhany

Płyn kąpielowy do higieny intymnej

mosdótál

Miska do mycia

hátmosó kefe

Szczotka kąpielowa

szappan

Mydło

tusfürdő

Żel prysznicowy

sampon

Szampon

mosdókesztyű

Rękawica kąpielowa

lefolyó

Odpływ

krém

Krem

dezodor

Dezodorant

tükör
Lustro

kézitükör
Lustro kosmetyczne

borotva
Golarka

borotvahab
Pianka do golenia

borotválkozás utáni
arcszesz
Woda po goleniu

fésű
Grzebień

hajkefe
Szczotka

hajszárító
Suszarka do włosów

hajlakk
Spray do włosów

smink
Makijaż

ajakrúzs
Pomadka

körömlakk
Lakier do paznokci

vatta
Wata

körömvágó olló
Nożyczki do paznokci

parfüm
Perfum

neszesszer

Kosmetyczka

sámli

Taboret

mérleg

Waga

köntös

Szlafrok kąpielowy

gumikesztyű

Rękawice gumowe

tampon

Tampon

egészségügyi betét

Podpaska damska

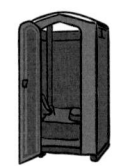

vegyi WC

Toaleta chemiczna

gyerekszoba
Pokój dziecięcy

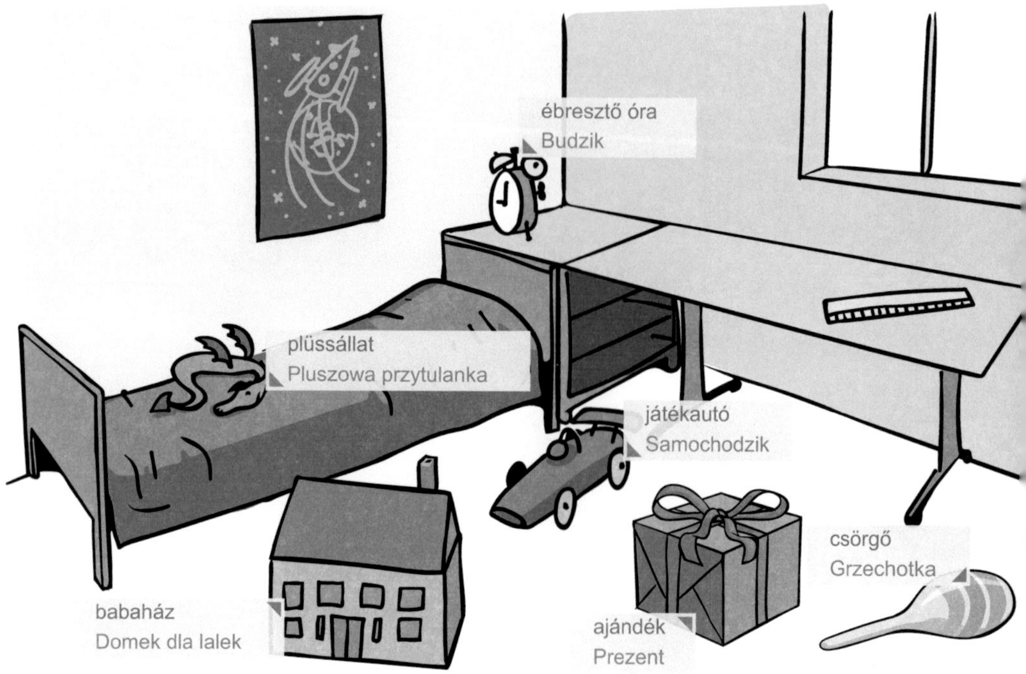

ébresztő óra
Budzik
plüssállat
Pluszowa przytulanka
játékautó
Samochodzik
csörgő
Grzechotka
babaház
Domek dla lalek
ajándék
Prezent

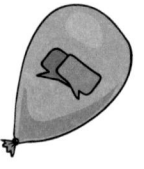

lufi

Balon

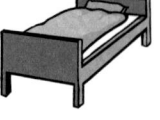

ágy

Łóżko

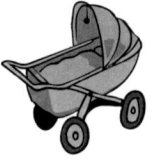

babakocsi

Wózek dziecięcy

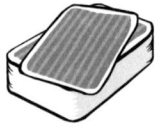

kártyapakli

Gra w karty

kirakós játék

Puzzle

SUPER
MEGA

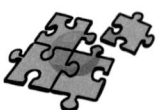

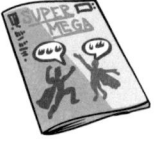

képregény

Komiks

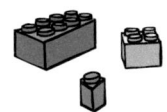

építőkockák

Klocki lego

építőelem

Klocki

szuperhős

Action figura

rugdalózó

Śpioszek dziecięcy

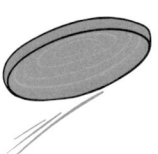

frizbi

Frisbee

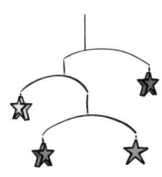

zenélő forgó

Zabawki ruchome

társasjáték

Gra planszowa

kocka

Kości

modellvasút

Kolejka elektryczna

cumi

Smoczek

zsúr

Przyjęcie

képeskönyv

Książka z ilustracjami

labda

Piłka

baba

Lalka

játszani

bawić się

homokozó

Piaskownica

hinta

Huśtawka

játékok

Zabawki

videójáték konzol

Konsola do gier

tricikli

Rowerek trójkołowy

teddi maci

Pluszowy miś

ruhásszekrény

Szafa ubraniowa

ruházat
Ubiór

zokni

Skarpety

harisnya

Pończochy

harisnyanadrág

Rajstopy

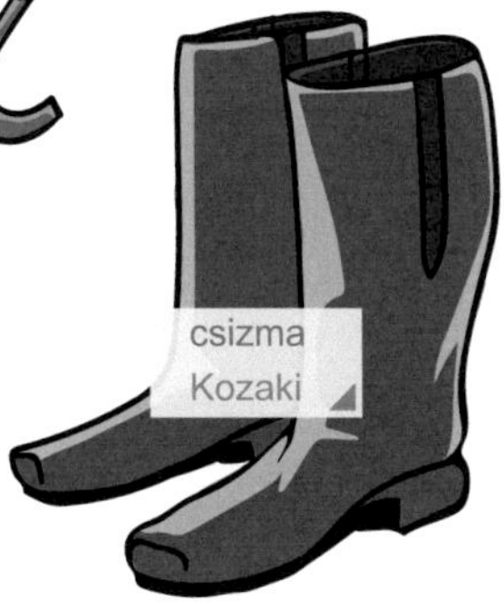

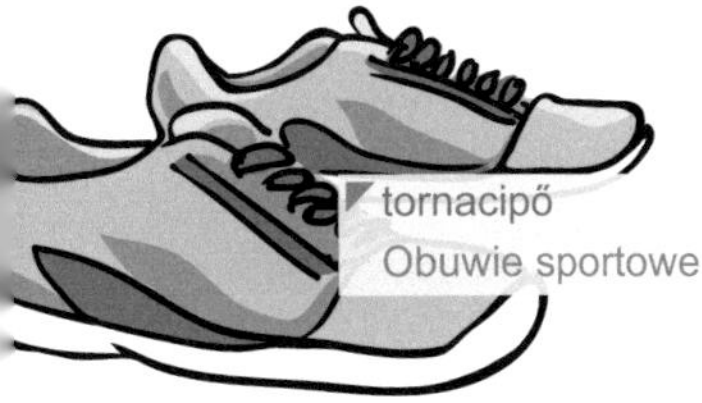

sál
Szal

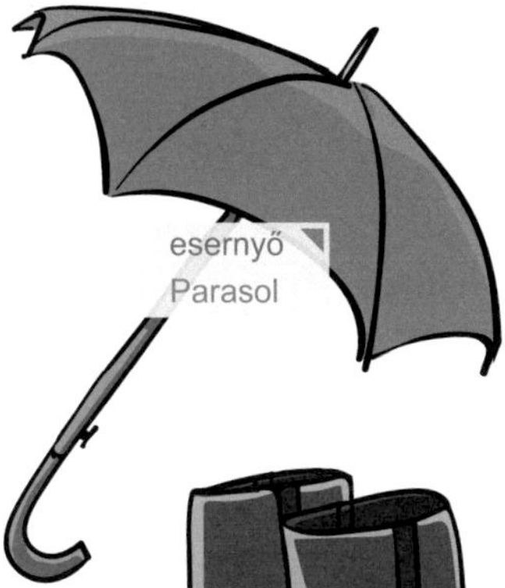

esernyő
Parasol

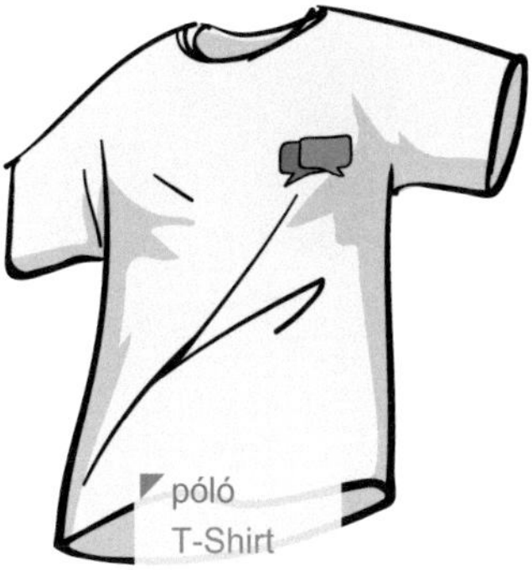

öv
Pasek

póló
T-Shirt

csizma
Kozaki

papucs
Pantofle domowe

tornacipő
Obuwie sportowe

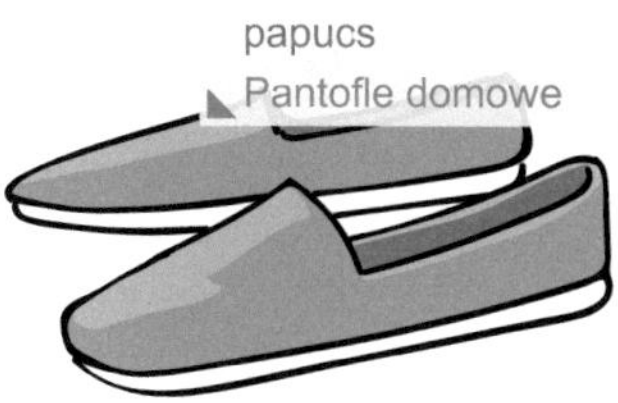

szandál
Sandały

cipő
Buty

gumicsizma
Kalosze

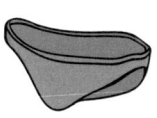

alsónadrág
Majtki

melltartó
Biustonosz

mellény
Podkoszulek

body

Body

nadrág

Spodnie

farmer

Dżins

szoknya

Spódnica

blúz

Bluzka

ing

Koszula

pulóver

Pulower

kapucnis pulóver

Bluza sportowa

blézer

Marynarka

dzseki

Kurtka

kabát

Płaszcz

esőkabát

Płaszcz przeciwdeszczowy

kosztüm

Kostium

ruha

Sukienka

esküvői ruha

Suknia ślubna

öltöny

Garnitur męski

hálóing

Koszula nocna

pizsama

Piżama

szári

Sari

fejkendő

Chusta na głowę

turbán

Turban

burka

Burka

kaftán

Kaftan

abaya

Abaya

fürdőruha

Strój kąpielowy

fürdőnadrág

Kąpielówki

rövidnadrág

Krótkie spodnie

tréningruha

Dres sportowy

kötény

Fartuch

kesztyű

Rękawiczki

gomb

Guzik

szemüveg

Okulary

karkötő

Bransoletka

nyaklánc

Łańcuszek

gyűrű

Pierścionek

fülbevaló

Kolczyk

sapka

Czapka

vállfa

Wieszak

kalap

Kapelusz

nyakkendő

Krawat

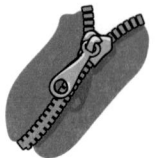

cipzár

Zamek błyskawiczny

bukósisak

Kask

nadrágtartó

Szelki

iskolai egyenruha

Mundurek szkolny

egyenruha

Mundur

előke
....
Śliniaczek

cumi
....
Smoczek

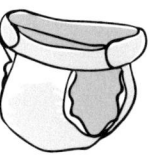

pelenka
....
Pieluszka

iroda
Biuro

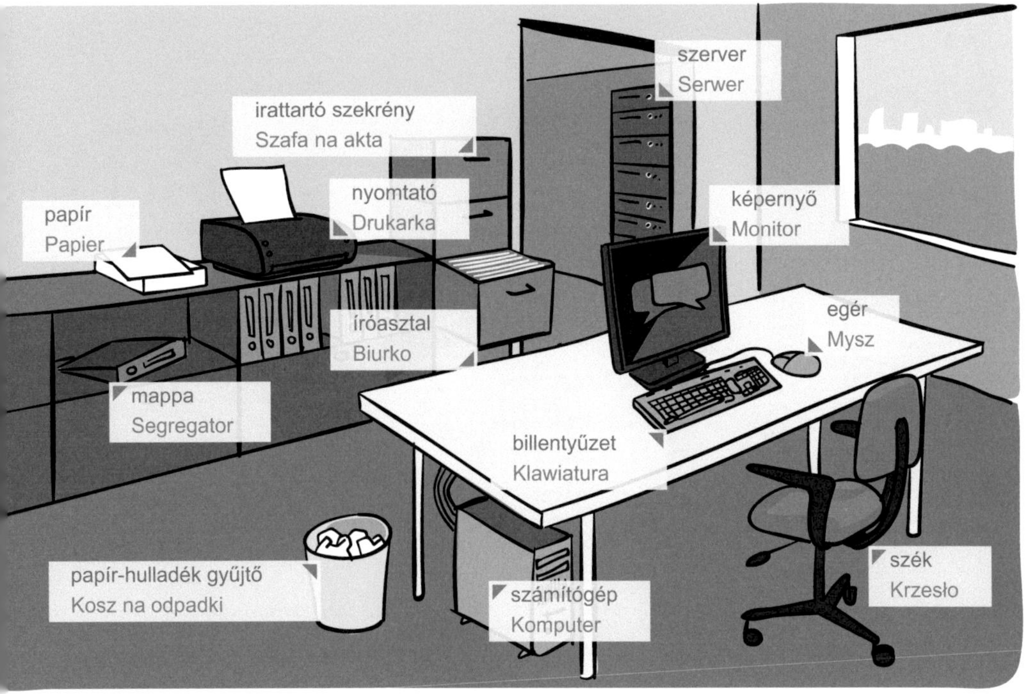

papír
Papier

irattartó szekrény
Szafa na akta

nyomtató
Drukarka

szerver
Serwer

képernyő
Monitor

íróasztal
Biurko

egér
Mysz

mappa
Segregator

billentyűzet
Klawiatura

papír-hulladék gyűjtő
Kosz na odpadki

számítógép
Komputer

szék
Krzesło

kávéscsésze
....
Filiżanka do kawy

számológép
....
Kalkulator

internet
....
Internet

laptop

Laptop

levél

List

üzenet

Wiadomość

mobiltelefon

Komórka

hálózat

Sieć

fénymásoló

Kopiarka

szoftver

Oprogramowanie

telefon

Telefon

konnektor

Gniazdko

faxgép

Faks

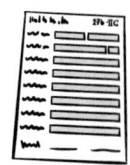

formanyomtatvány

Formularz

dokumentum

Dokument

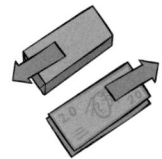

venni
kupić

fizetni
płacić

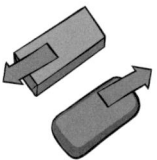

kereskedni
postępować

pénz
Pieniądze

dollár
Dolar

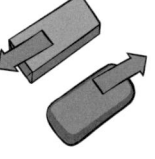 

euró
Euro

jen
Jen

rubel
Rubel

svájci frank
Frank

kínai jüan
Juan Renminbi

rúpia
Rupia

bankautomata
Bankomat

valutaváltó iroda

Kantor wymiany walut

arany

Złoto

ezüst

Srebro

olaj

Olej

energia

Energia

ár

Cena

szerződés

Umowa

adó

Podatek

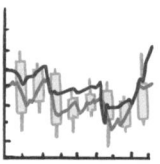

részvény

Akcja

dolgozni

pracować

munkavállaló

Pracownik umysłowy

munkaadó

Pracodawca

gyár

Fabryka

üzlet

Sklep

foglalkozások
Zawody

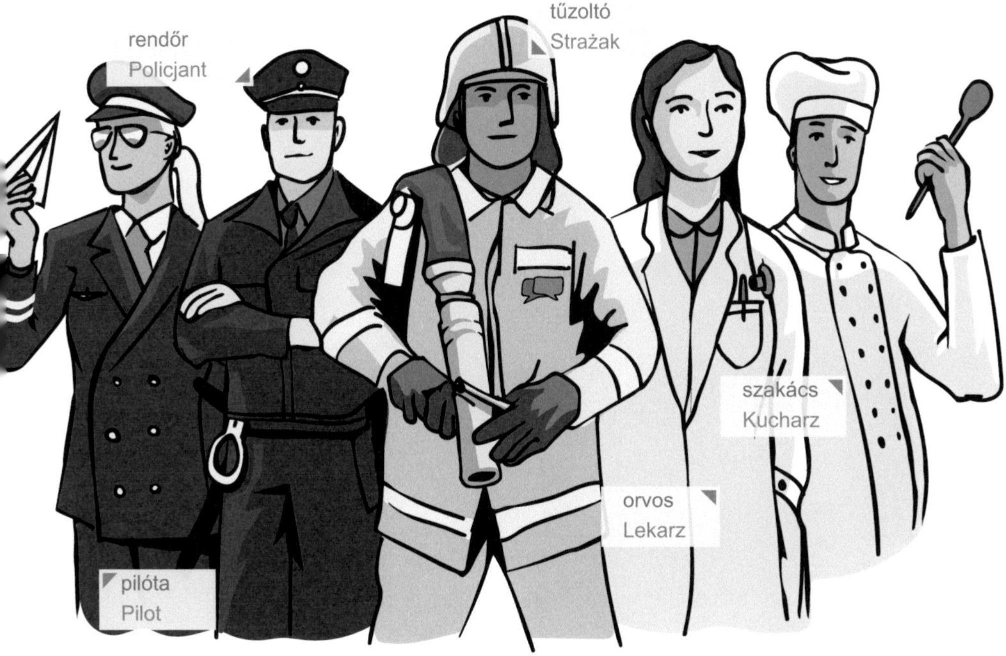
rendőr
Policjant
tűzoltó
Strażak
szakács
Kucharz
orvos
Lekarz
pilóta
Pilot

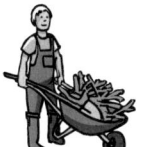

kertész

Ogrodnik

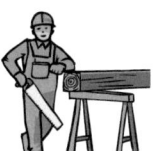

kárpitos

Stolarz

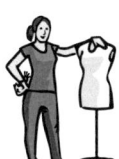

varrónő

Krawcowa

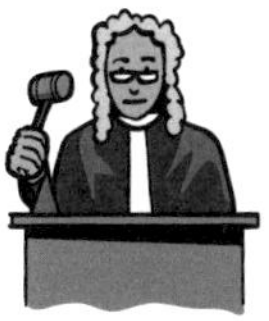

bíró

Sędzia

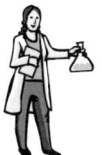

vegyész

Chemik

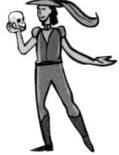

színész

Aktor

buszsofőr

Kierowca autobusu

taxisofőr

Taksówkarz

halász

Fischer

bejárónő

Sprzątaczka

tetőfedő

Dekarz

pincér

Kelner

vadász

Myśliwy

festő

Malarz

pék

Piekarz

villanyszerelő

Elektryk

építőmunkás

Robotnik budowlany

mérnök

Inżynier

hentes

Rzeźnik

vízvezeték-szerelő

Instalator

postás

Listonosz

katona

Żołnierz

építész

Architekt

eladó

Kasjer

virágos

Florysta

fodrász

Fryzjer

kalauz

Konduktor

műszerész

Mechanik

kapitány

Kapitan

fogorvos

Dentysta

tudós

Naukowiec

rabbi

Rabin

imám

Imam

szerzetes

Mnich

lelkész

Proboszcz

szerszámok
Narzędzia

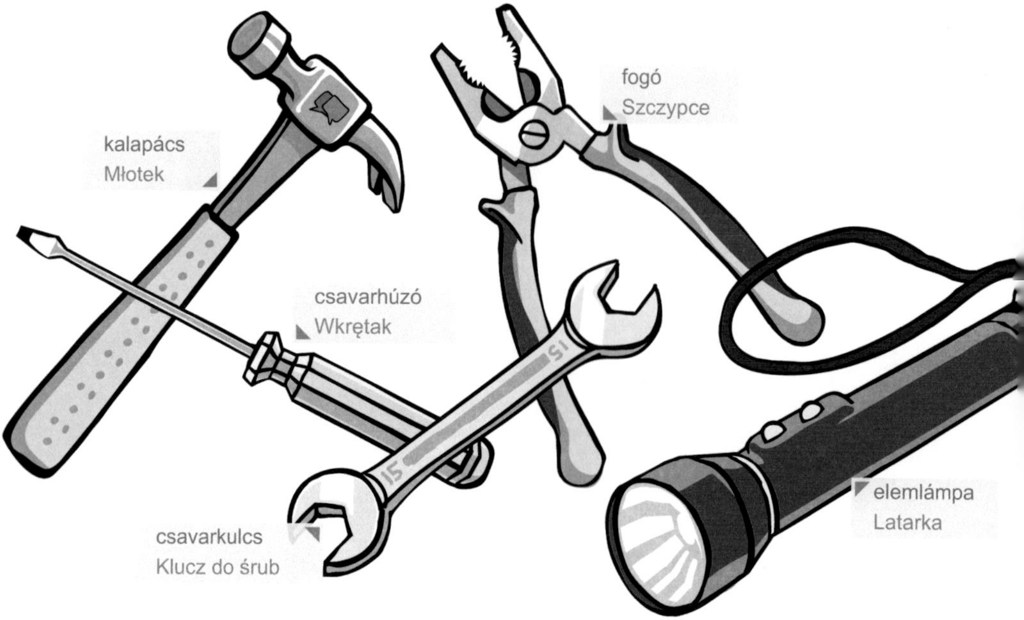
kalapács
Młotek
fogó
Szczypce
csavarhúzó
Wkrętak
csavarkulcs
Klucz do śrub
elemlámpa
Latarka

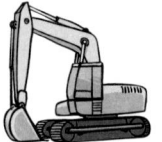

markológép

Koparka

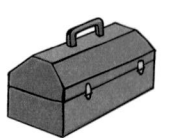

szerszámosláda

Skrzynka narzędziowa

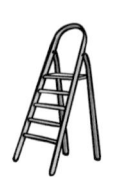

vödör

Drabina

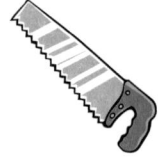

fűrész

Piła

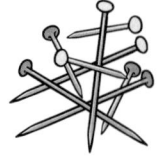

szög

Gwoździe

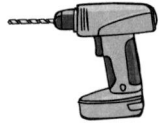

fúrógép

Wiertło

megjavítani

naprawić

lapát

Łopatka

A francba!

Cholera!

szemétlapát

Szufelka

festékesdoboz

Puszka z farbą

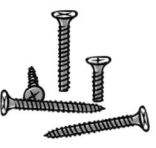

csavar

Śruby

hangszerek
Instrumenty muzyczne

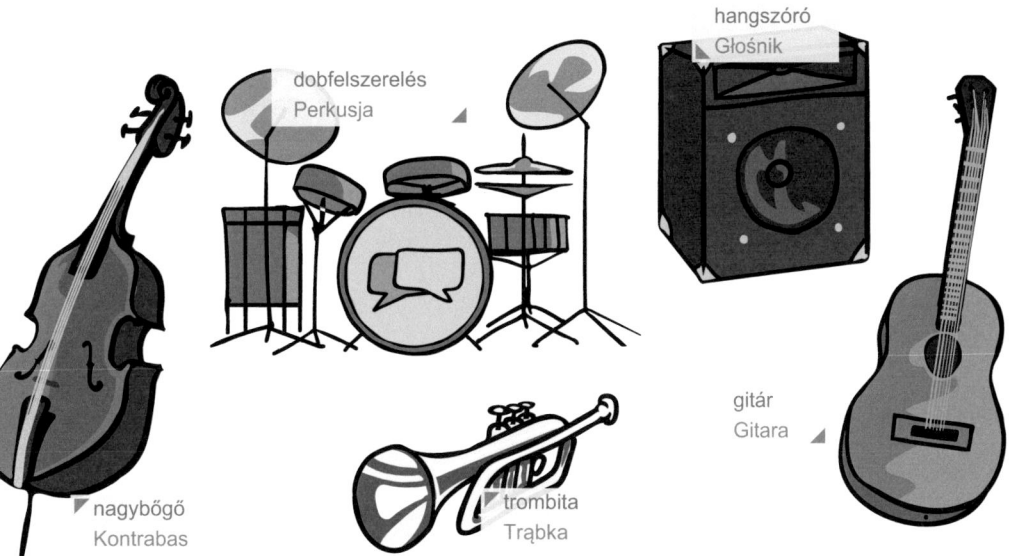

hangszóró
Głośnik

dobfelszerelés
Perkusja

gitár
Gitara

nagybőgő
Kontrabas

trombita
Trąbka

zongora

Pianino

hegedű

Skrzypce

basszusgitár

Bas

üstdob

Kotły

dobok

Bęben

digitális zongora

Keyboard

szaxofon

Saksofon

fuvola

Flet

mikrofon

Mikrofon

állatkert
Zoo

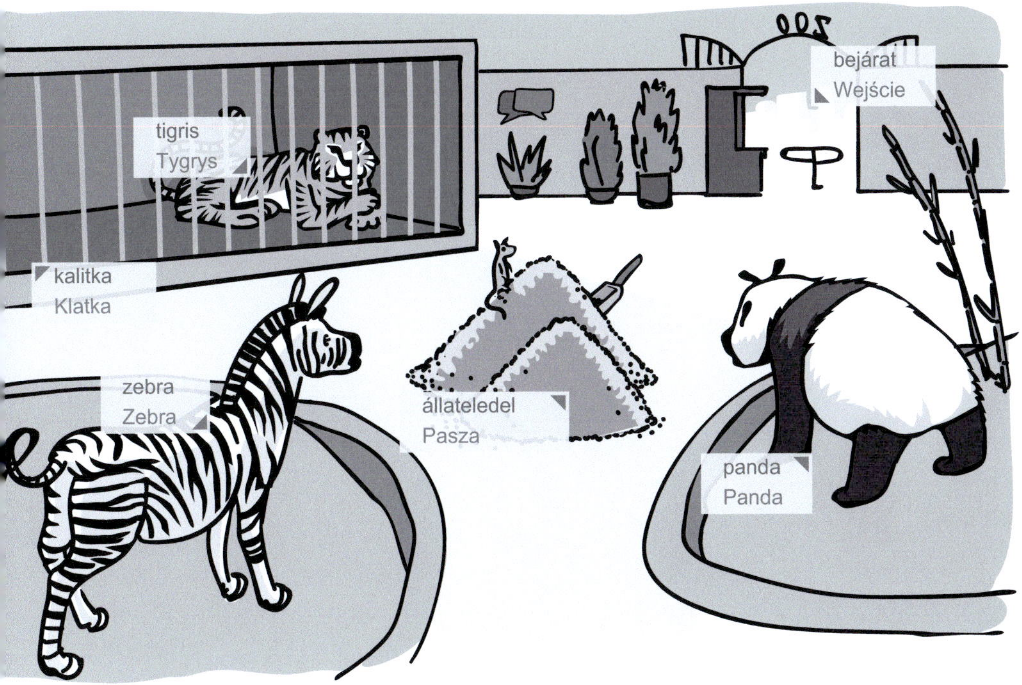

bejárat
Wejście
tigris
Tygrys
kalitka
Klatka
zebra
Zebra
állateledel
Pasza
panda
Panda

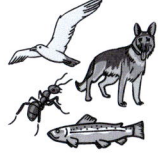

állatok

Zwierzęta

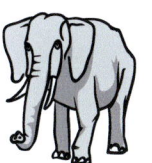

elefánt

Słoń

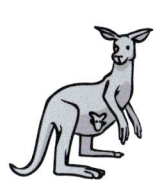

kenguru

Kangur

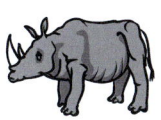

orrszarvú

Nosorożec

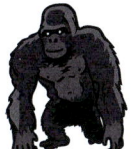

gorilla

Goryl

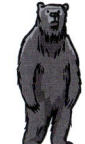

medve

Niedźwiedź

teve

Wielbłąd

strucc

Struś

oroszlán

Lew

majom

Małpa

flamingó

Fleming

papagáj

Papuga

jegesmedve

Niedźwiedź polarny

pingvin

Pingwin

cápa

Rekin

páva

Paw

kígyó

Wąż

krokodil

Krokodyl

állatgondozó

Dozorca w zoo

fóka

Foka

jaguár

Jaguar

póniló

Kucyk

leopárd

Gepard

víziló

Hipopotam

zsiráf

Żyrafa

sas

Orzeł

vaddisznó

Dzik

hal

Ryba

teknős

Żółw

rozmár

Mors

róka

Lis

gazella

Gazela

amerikai futball
Futbol amerykański

kerékpározás
Kolarstwo

tenisz
Tenis

kosárlabda
Koszykówka

úszás
Pływanie

jégkorong
Hokej na lodzie

boksz
Boks

futball
Piłka nożna

tollas
Badminton

atlétika
Lekka atletyka

kézilabda
Piłka ręczna

síelés
Narciarstwo

lovaspóló
Polo

ugrani
skakać

ölelni
objąć

nevetni
śmiać się

sétálni
iść

énekelni
śpiewać

álmodni
marzyć

dicsérni
modlić się

csókolni
całować

írni
pisać

rajzolni
rysować

mutatni
pokazywać

tolni
nacisnąć

adni
dać

vinni
wziąć

birtokolni

mieć

csinálni

robić

lenni

być

állni

stać

futni

biegać

húzni

ciągnąć

hajít

rzucać

esni

spaść

hazudni

leżeć

várni

czekać

vinni

nosić

ülni

siedzieć

felvenni

zakładać

aludni

spać

felébredni

budzić się

ránézni

spojrzeć

sírni

płakać

simogat

głaskać

fésülni

czesać się

beszélni

mówić

megérteni

rozumieć

kérdezni

pytać

hallgatni

słyszeć

inni

pić

enni

jeść

takarítani

sprzątać

szeretni

kochać

főzni

gotować

vezetni

jechać

szállni

latać

vitorlázni

żeglować

számol

liczyć

olvasni

czytać

tanulni

uczyć się

dolgozni

pracować

házasodni

wejść w związek małżeński

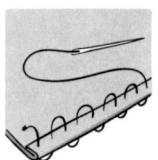

varrni

szyć

fogat mosni

myć zęby

ölni

zabić

dohányozni

palić tytoń

küldeni

wysłać

nagymama
Babcia

nagypapa
Dziadek

apa
Ojciec

anya
Matka

kisbaba
Niemowlę

lány
Córka

fiú
Syn

vendég

Gość

nagynéni

Ciotka

nagybácsi

Wujek

fiútestvér

Brat

lánytestvér

Siostra

test

Ciało

homlok
Czoło
szem
Oko
váll
Ramię
ujj
Palec
arc
Twarz
áll
Broda
kéz
Ręka
láb
Noga
mell
Pierś
kar
Ramię

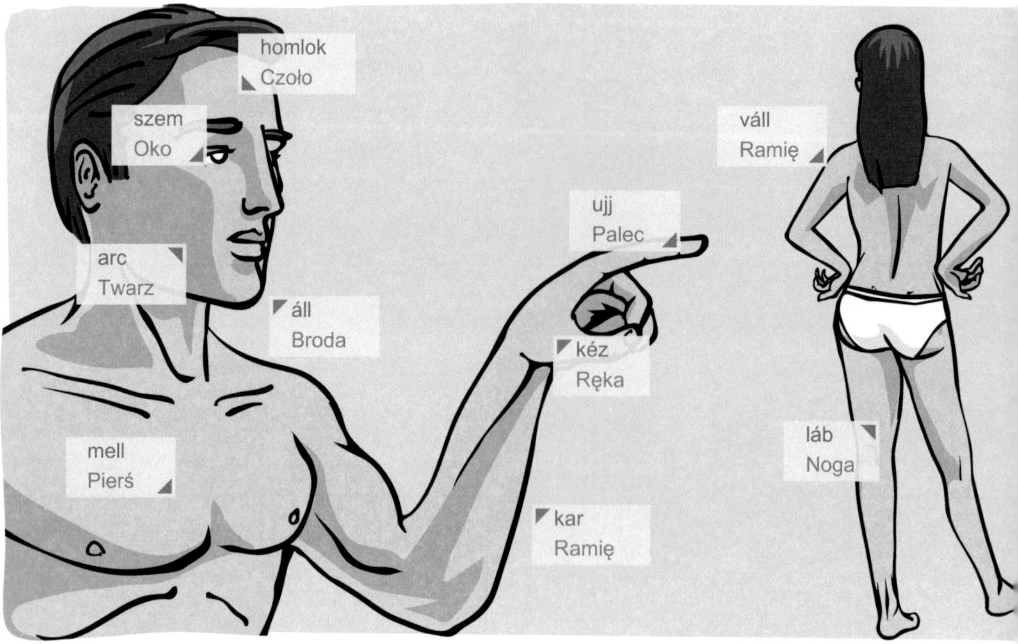

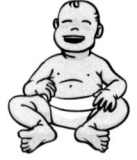

kisbaba

Niemowlę

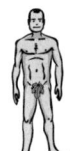

ember

Mężczyzna

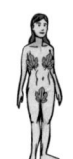

nő

Kobieta

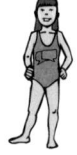

lány

Dziewczyna

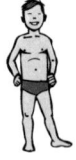

fiú

Chłopiec

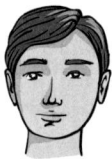

fej

Głowa

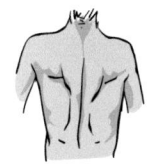

hát

Plecy

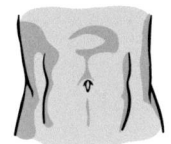

has

Brzuch

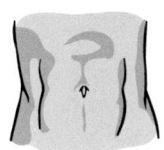

köldök

Pępek

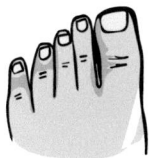

lábujj

palec nogi

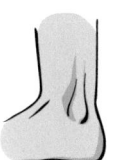

sarok

Pięta

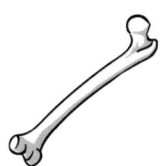

csont

Kość

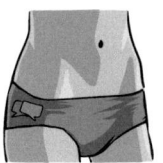

csípő

Biodro

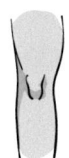

térd

Kolano

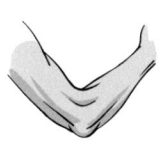

könyök

Łokieć

orr

Nos

fenék

Pośladki

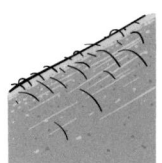

bőr

Skóra

orca

Policzek

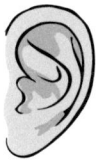

fül

Uszy

ajak

Warga

száj

Usta

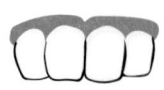

fog

Ząb

nyelv

Język

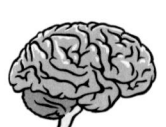

agy

Mózg

szív

Serce

izom

Mięsień

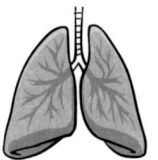

tüdő

Płuca

máj

Wątroba

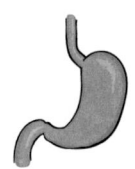

gyomor

Żołądek

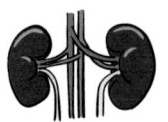

vese

Nerki

szex

Stosunek płciowy

kondom

Kondom

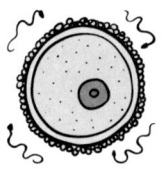

petesejt

Komórka jajowa

sperma

Sperma

terhesség

Ciąża

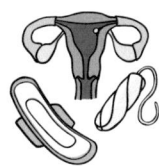

menstruáció

Menstruacja

vagina

Wagina

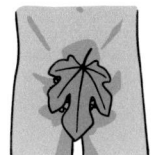

pénisz

Penis

szemöldök

Brew

haj

Włosy

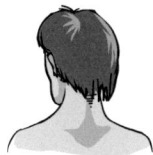

nyak

Szyja

kórház
Szpital

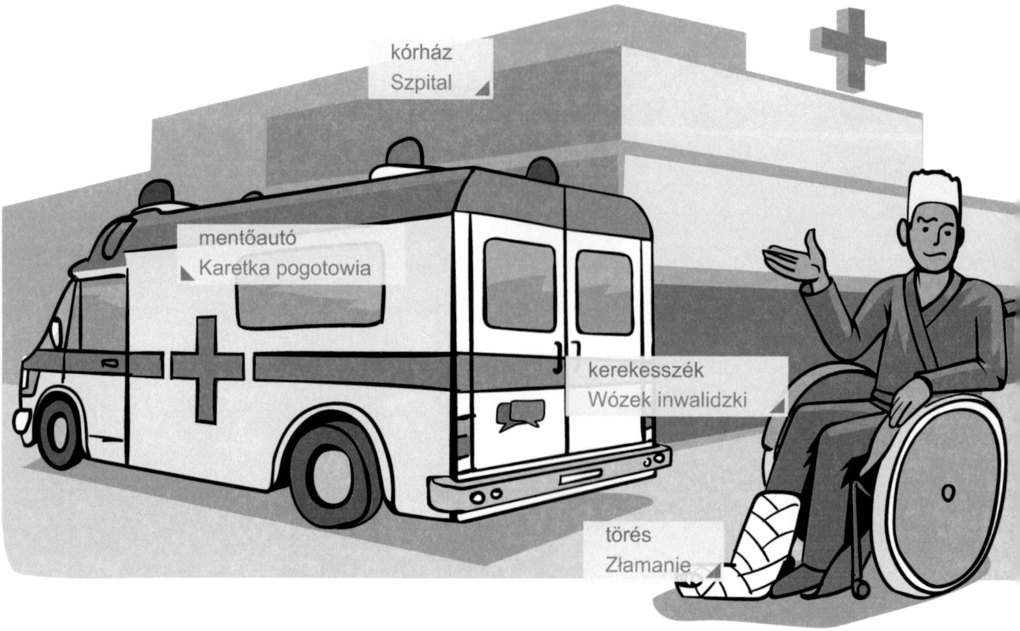

kórház
Szpital
mentőautó
Karetka pogotowia
kerekesszék
Wózek inwalidzki
törés
Złamanie

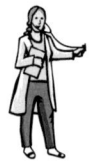

orvos

Lekarz

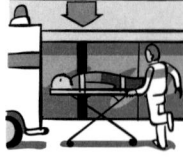

sürgősségi osztály

Izba przyjęć

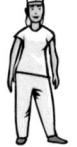

ápoló

Pielęgniarka

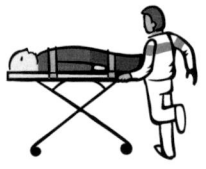

vészhelyzet

Nagły przypadek

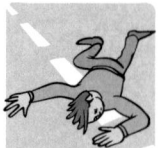

eszméletlen

nieprzytomny

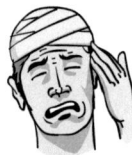

fájdalom

Ból

sérülés

Skaleczenie

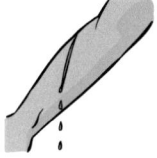

vérzés

Krwawienie

szívroham

Zawał serca

szélütés

Udar mózgu

allergia

Alergia

köhögés

Kaszleć

láz

Gorączka

influenza

Grypa

hasmenés

Biegunka

fejfájás

Ból głowy

rák

Rak

cukorbetegség

Cukrzyca

sebész

Chirurg

szike

Skalpel

műtét

Operacja

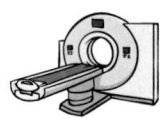

CT

CT

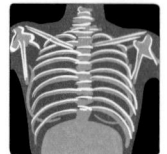

röntgen

Rentgen

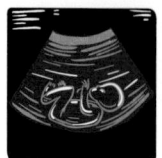

ultrahang

Ultradźwięki

arcmaszk

Maska

betegség

Choroba

váróterem

Poczekalnia

mankó

Kula

sebtapasz

Plaster

kötszer

Opatrunek

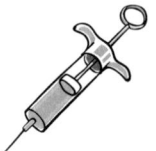

injekció

Iniekcja

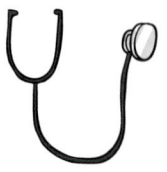

sztetoszkóp

Stetoskop

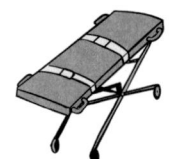

hordágy

Nosze

klinikai hőmérő

Termometr

születés

Poród

túlsúly

Nadwaga

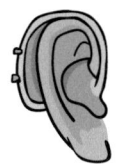

hallókészülék

Aparat słuchowy

fertőtlenítőszer

Środek dezynfekcyjny

fertőzés

Infekcja

vírus

Wirus

HIV/AIDS

HIV / AIDS

orvosság

Medycyna

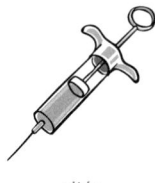

oltás

Szczepienie

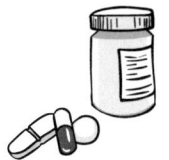

tabletták

Tabletki

tabletta

Pigułka

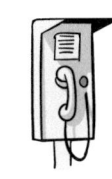

sürgősségi hívás

Telefon ratunkowy

vérnyomásmérő

Ciśnieniomierz krwi

betegség / egészség

chory / zdrowy

Segítség!

Pomocy!

riasztás

Alarm

rajtaütés

Napad

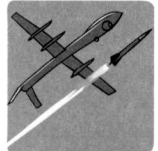

támadás

Atak

veszély

Niebezpieczeństwo

vészkijárat

Wyjście awaryjne

tűz!

Pożar!

tűzoltókészülék

Gaśnica

baleset

Wypadek

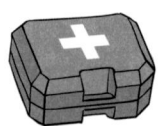

elsősegélycsomag

Walizeczka pierwszej pomocy

SOS

SOS

rendőrség

Policja

Európa

Europa

Észak-Amerika

Ameryka Północna

Dél-Amerika

Ameryka Południowa

Afrika

Afryka

Ázsia

Azja

Ausztrália

Australia

Atlanti-óceán

Atlantyk

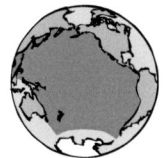

Csendes-óceán

Pacyfik

Indiai-óceán

Ocean Indyjski

Déli-óceán

Ocean Antarktyczny

Jeges-tenger

Ocean Arktyczny

Északi-sark

Biegun północny

Déli-sark
....
Biegun południowy

Antarktisz
....
Antarktyda

föld
....
Ziemia

szárazföld
....
Kraj

tenger
....
Morze

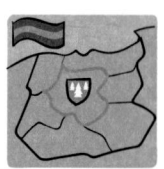

sziget
....
Wyspa

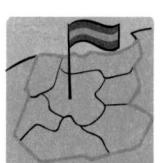

nemzet
....
Naród

állam
....
Państwo

számlap

Cyferblat

kismutató

Wskazówka godzinowa

nagymutató

Wskazówka minutowa

másodpercmutató

Wskazówka sekundowa

Mennyi az idő?

Która godzina?

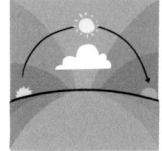

nap

Dzień

idő

Czas

most

teraz

digitális óra

Zegarek digitalny

perc

Minuta

óra

Godzina

hét
Tydzień

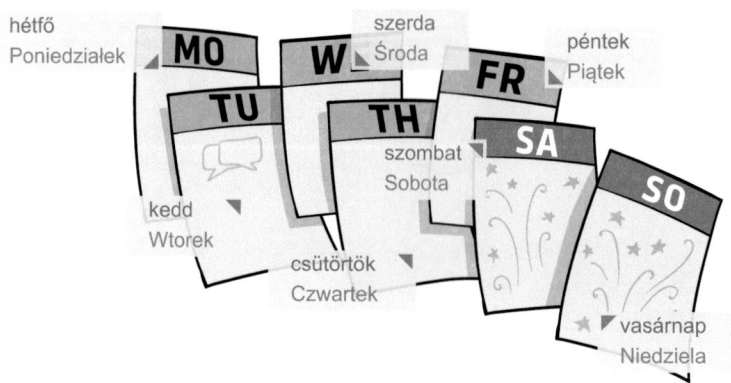

hétfő
Poniedziałek

MO

szerda
Środa

W

péntek
Piątek

FR

TU

TH

SA

kedd
Wtorek

szombat
Sobota

SO

csütörtök
Czwartek

vasárnap
Niedziela

tegnap

wczoraj

ma

dzisiaj

holnap

jutro

reggel

Rano

dél

Południe

este

Wieczór

MO	TU	WE	TH	FR	SA	SU
1	2	3	4	5	6	7
8	9	10	11	12	13	14
15	16	17	18	19	20	21
22	23	24	25	26	27	28
29	30	31	1	2	3	4

hétköznap

Dni robocze

MO	TU	WE	TH	FR	SA	SU
1	2	3	4	5	6	7
8	9	10	11	12	13	14
15	16	17	18	19	20	21
22	23	24	25	26	27	28
29	30	31	1	2	3	4

hétvége

Weekend

eső
Deszcz

szivárvány
Tęcza

szél
Wiatr

hó
Śnieg

tavasz
Wiosna

ősz
Jesień

nyár
Lato

tél
Zima

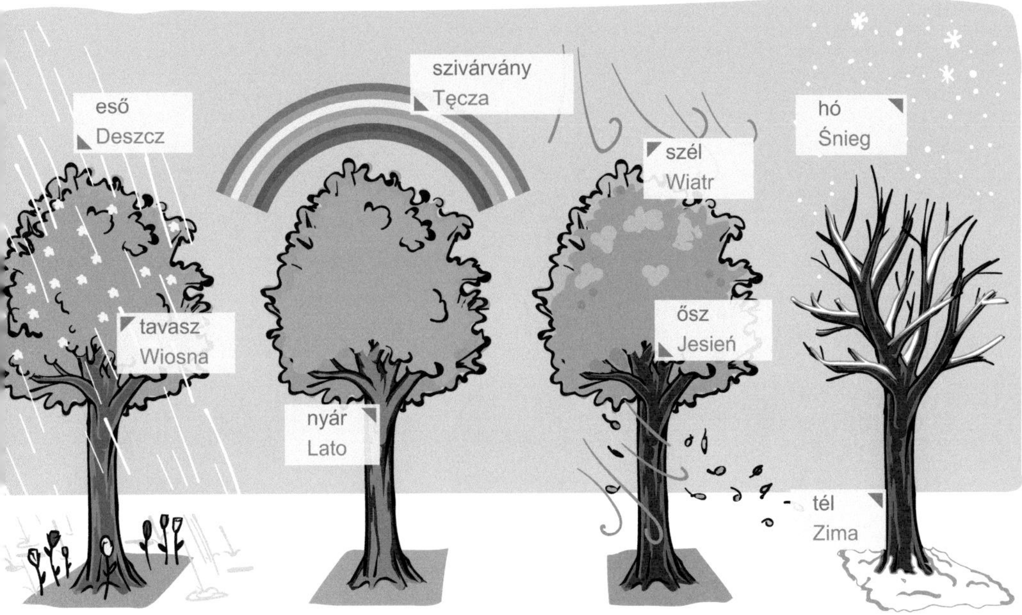

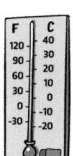

időjárás előrejelzés

Prognoza pogody

hőmérő

Termometr

napsütés

Światło słoneczne

felhő

Chmura

köd

Mgła

páratartalom

Wilgotność powietrza

villámlás

Błyskawica

mennydörgés

Grzmot

vihar

Sztorm

jégeső

Grad

monszun

Monsun

áradás

Potop

jég

Lód

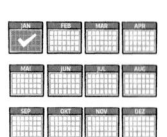

január

Styczeń

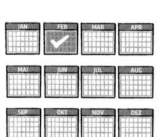

február

Luty

március

Marzec

április

Kwiecień

május

Maj

június

Czerwiec

július

Lipiec

augusztus

Sierpień

szeptember

Wrzesień

október

Październik

november

Listopad

december

Grudzień

kör

Koło

négyzet

Kwadrat

téglalap

Prostokąt

háromszög

Trójkąt

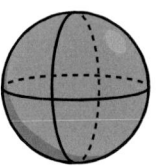

gömb

Kula

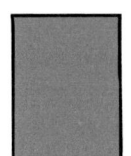

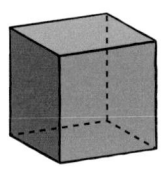

kocka

Sześcian

fehér

biały

sárga

żółty

narancs

pomarańczowy

rózsaszín

różowy

piros

czerwony

lila

liliowy

kék

niebieski

zöld

zielony

barna

brązowy

szürke

szary

fekete

czarny

sok / kevés

dużo / mało

mérges / nyugodt

wściekły / spokojny

szép / csúnya

piękny / brzydki

kezdet / vég

początek / koniec

nagy / kicsi

duży / mały

világos / sötét

jasny / ciemny

fivér / nővér

brat / siostra

tiszta / koszos

czysty / brudny

teljes / nem teljes

kompletny / niekompletny

nappal / éjszaka

dzień / noc

halott / élő

umarły / żywy

széles / keskeny

szeroki / wąski

ehető / nem ehető

jadalny / niejadalny

gonosz / kedves

zły / uprzejmy

izgatott / unott

podniecony / znudzony

kövér / vékony

gruby / chudy

első / utolsó

najpierw / na końcu

barát / ellenség

przyjaciel / wróg

teli / üres

pełen / pusty

kemény / puha

twardy / miękki

nehéz / könnyű

ciężki / lekki

éhség / szomjúság

głód / pragnienie

betegség / egészség

chory / zdrowy

illegális / legális

nielegalny / legalny

intelligens / buta

inteligentny / głupi

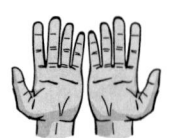

bal / jobb

lewo / prawo

közel / távol

bliski / daleki

új / használt

nowy / używany

semmi / valami

nic / coś

idős / fiatal

stary / młody

be / ki

włącz / wyłącz

nyitva / zárva

otwarty / zamknięty

csendes / hangos

cichy / głośny

gazdag / szegény

bogaty / biedny

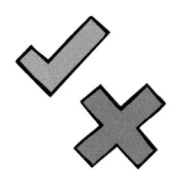

helyes / helytelen

prawidłowy / błędny

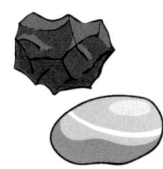

érdes / sima

chropowaty / gładki

szomorú / vidám

smutny / szczęśliwy

rövid / hosszú

krótki / długi

lassú / gyors

powolny / szybki

nedves / száraz

mokry/suchy

meleg / hideg

ciepły / chłodny

háború / béke

wojna / pokój

0

nulla

zero

1

egy

jeden

2

kettő

dwa

3

három

trzy

4

négy

cztery

5

öt

pięć

6

hat

sześć

7

hét

siedem

8

nyolc

osiem

9

kilenc

dziewięć

10

tíz

dziesięć

11

tizenegy

jedenaście

12

tizenkettő

dwanaście

13

tizenhárom

trzynaście

14

tizennégy

czternaście

15

tizenöt

piętnaście

16

tizenhat

szesnaście

17

tizenhét

siedemnaście

18

tizennyolc

osiemnaście

19

tizenkilenc

dziewiętnaście

20

húsz

dwadzieścia

100

száz

sto

1.000

ezer

tysiąc

1.000.000

millió

milion

angol

Angielski

amerikai angol

Angielski amerykański

mandarin kínai

Chiński mandaryński

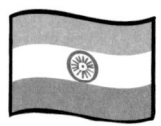

hindi

Hindi

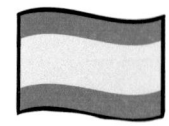

spanyol

Hiszpański

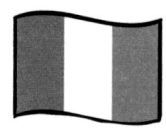

francia

Francuski

arab

Arabski

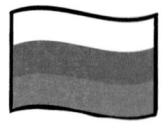

orosz

Rosyjski

portugál

Portugalski

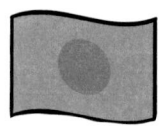

bengáli

Bengalski

német

Niemiecki

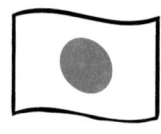

japán

Japoński

én
ja

te
ty

ő
on / ona / ono

mi
my

ti
wy

ők
oni

ki?
kto?

mi?
co?

hogyan?
jak?

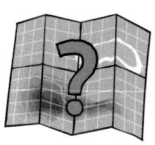

hol?
gdzie?

mikor?
kiedy?

név
Nazwisko

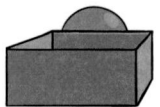

mögött

za

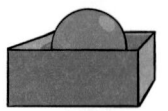

benne

w

elötte

przed

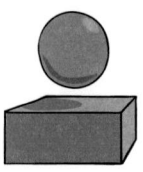

felette

powyżej

rajta

na

alatta

pod

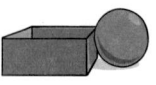

mellett

obok

között

między

hely

Miejsce